Inhalt

Management operationeller Risiken bei Kreditinstituten nach Basel II

Kernthesen

Beitrag

Fallbeispiele

Weiterführende Literatur

Impressum

Management operationeller Risiken bei Kreditinstituten nach Basel II

G. Dengl

Kernthesen

- Nach Basel II sind nun neben dem Kredit- und dem Marktrisiko auch die operationelle Risiken mit Eigenkapital zu unterlegen.
- Operationelle Risiken stellen die Verluste dar, die infolge von Unangemessenheit oder Versagen von internen Verfahren, Menschen und Systemen oder durch externen Einwirkungen eintreten.
- Die größten Probleme bereitet dabei die Bewertung und Quantifizierung dieser

besonderen Gattung von Risiken.
- Wie beim Risikomanagement allgemein, so hängt auch beim Management der operationellen Risiken sehr viel von der Unterstützung durch spezielle IT-Systeme ab. Einheitliche technische Lösungen haben sich jedoch noch nicht durchgesetzt.
- In der Aufbauorganisation der Kreditinstitute ist eine Zentralisierungstendenz spürbar, zu zentralen Risikomanagement-Abteilungen sowie darüber hinaus die Benennung eines Chief Risk Officer.

Beitrag

Eine Virenattacke auf dem Server einer Online-Bank, ein guter Mitarbeiter wird von der Konkurrenz abgeworben und nimmt wettbewerbsrelevantes Know-how mit, oder sogar ein Terroranschlag wie der vom 11. September 2001 - das alles sind aus dem Leben gegriffenen Beispiele für Risiken, die den regelmäßigen Geschäftsbetrieb jedes Unternehmens stören können. Weil diese Risiken in den vergangenen Jahren angestiegen sind (höhere Abhängigkeit von funktionierender Technik, höhere Fluktuationsrate vor allem bei hochqualifizierten Wissensarbeitern etc.) hat sich der Basler Ausschuss für Bankaufsicht dazu entschlossen, in den revidierten Eigenkapitalvereinbarungen ("Basel II") erstmals auch diese Risikoart zu berücksichtigen. (8)

Die Risiken, die sich auf die Störung des Leistungserstellungsprozesses beziehen (7), werden im Folgenden als operationelle Risiken bezeichnet. Neben den Kredit- und Marktrisiken wird nun auch für sie explizit eine Unterlegung mit Eigenkapital gefordert. (10) , (9)

Obwohl Basel II diese Risikoart lediglich für Kreditinstitute definiert hat, wurde damit eine längst fällig gewordene Bewusstseinsänderung im klassischen Risiko-Management ausgelöst. Neben den Kreditinstituten erkennen Unternehmen aller Branchen, allen voran die des produzierenden Gewerbes (5), die Notwendigkeit, diese Risikokategorie in ihre bestehenden Risikomanagement-Systeme zu integrieren. So ist es auch zu erklären, dass gerade der deutsche Mittelstand neben den strategischen Risiken die operationelle Risiken als größte Bedrohung empfindet. (3)

Derzeitiger Entwicklungsstand

Obwohl Basel II offiziell erst 2006 zur Anwendung kommen soll, werden viele Unternehmen bereits jetzt in diesem Sinne aktiv. Es setzt sich immer mehr die Erkenntnis durch, dass Basel II die Chance enthält, bei Anwendung eines ausgefeilten Risikomanagement-Systems, die Höhe der Eigenkapitalunterlegung sogar noch zu verringern. (1) Während allerdings zum Management von Kredit- sowie Marktrisiken von so gut wie allen Instituten schon einiges an Anstrengung unternommen wurde, gibt es bei den operationellen Risiken noch die größten Unterschiede. Hier stehen viele Unternehmen noch ganz am Anfang, während einige wenige bereits ganz konkrete Erfahrungen vorweisen können.

Einordnung operationeller Risiken

Die operationellen Risiken werden in Basel II folgendermaßen unterteilt: (7)
Risiken, die ausgehen von
- den Mitarbeitern: Hierzu zählen die kurzfristige Nichtverfügbarkeit wichtiger Mitarbeiter (Krankheit, Fluktuation) sowie die kriminelle Schädigung des Unternehmens (Industriespionage, Sabotage). Es geht dabei sowohl um Sachbearbeiter als auch um

Vorstandsmitglieder. Die Krise von Enron hat beispielsweise weltweit eine heftige Debatte über Corporate Governance sowie die Rolle des Aufsichtsrats ausgelöst.
- der Technologie: Hierzu zählen Virenattacken, schlechte Performance oder komplette Systemausfälle zu Stoßzeiten. Letztgenanntes ist z. B. ein Problem, das besonders Online-Banken und -Broker betrifft.
- den internen Prozessen: Hierzu zählen falsch strukturierte Abläufe, die nicht nur ineffizient sondern kontraproduktiv sind, z. B. nicht bearbeitete Kundenanfragen.

Daneben gibt es noch unkontrollierbare externe Einwirkungen, die ebenfalls als operationelles Risiko verstanden werden. Dazu zählen z. B. Naturkatastrophen oder Terroranschläge. Die externen Risiken können nicht von einzelnen Unternehmen gemanagt werden. Denkbar ist die komplette Auslagerung im Rahmen einer Versicherung, falls dies möglich ist.

Die Besonderheit von operationellen Risiken im Vergleich zum Kredit- und Marktrisiko ist, dass letztere mehr oder weniger freiwillig eingegangen werden. Banken vergeben beispielsweise nur dann Kredite, wenn sie sich eine vernünftige Rendite erhoffen dürfen. Operationelle Risiken müssen dagegen eingegangen werden, wenn der

Geschäftsbetrieb aufgenommen wird. Es steht ihnen keine direkte Renditeerwartung gegenüber.

Kreditinstitute verkaufen Produkte, die in hohem Maße erklärungsbedürftig und vertrauensempfindlich sind, eine Kundenbindung dauert dabei in der Regel länger als nur über die Dauer des Verkaufsgesprächs. Gerade diese Konstellation ist besonders anfällig für Störungen, die von operationellen Risiken herrühren. Schäden, die durch eine mangelhafte Beratung, durch eine Fehlbuchung oder Ähnlichem entstehen, sind für den Kunden schnell spürbar und belasten die Kundenbeziehung erheblich und nachhaltig. Die Reputation des Kreditinstituts ist damit gefährdet, und damit die Basis für den zukünftigen erfolgreichen Geschäftsbetrieb. Solche Störungen zu verhindern, ist damit ein dringliches Interesse jedes Kreditinstituts. (7)

IT-Infrastruktur als Engpass zu funktionierendem Risikomanagement

Nachdem das Risikomanagement innerhalb der Prioritätenliste großer Unternehmen immer mehr an Bedeutung gewinnt (belegt durch höhere

Ressourcenzuteilungen), ist festzuhalten, dass eine der grundlegendsten Herausforderungen für die kontinuierliche Weiterentwicklung des Risikomanagements, nämlich eine performante und einheitliche IT- Infrastruktur, immer noch das Hauptsorgenkind bleibt. Die Dauerbrennerthemen sind hier hauptsächlich die Unterschiede zwischen bestehenden Systemen und der Mangel an konsistenten Daten. Die Institute legen nun zunehmend bei der Verteilung ihrer IT-Budgets besonderes Gewicht auf die Beseitigung dieser Unzulänglichkeiten.

Management operationeller Risiken

Für das Management der operationellen Risiken gibt es noch kein standardisiertes Vorgehen. Dargestellt wird hier eine grundsätzliche Möglichkeit, die in der Literatur so oder mit leichten Abwandlungen häufiger zu finden ist.

1) Ermittlung der Risikoarten:

Mittlerweile hat sich die Definition des Baseler Ausschusses für Bankenaufsicht weitgehend durchgesetzt, nach der operationelle Risiken die Gefahr von Verlusten darstellen, die infolge von Unangemessenheit oder Versagen interner Verfahren, Menschen und Systeme oder von externen Ereignissen eintreten. Diese Risikoarten müssen noch an die Spezifika jedes Kreditinstituts angepasst werden, denn eine Online-Bank dürfte mit Sicherheit von anderen Risiken bedroht sein, als eine Versicherung. (7)

2) Versuch der Quantifizierung der Risiken:

Bei der Bewertung der Risiken kämpft man grundsätzlich mit zwei Problemen: Erstens, liegen meist keine langen Zeitreihen der Vergangenheit vor, aus der sich Wahrscheinlichkeiten errechnen lassen würden, und zweitens treten Schadensfälle, die durch operationelle Risiken verursacht wurden, weit weniger häufig auf, als andere Risiken. Damit erschwert es die Natur der operationellen Risiken, sie statistisch verlässlich zu erfassen.

Parallel zu den quantitativen Ansätzen, gibt es auch die Möglichkeit, sich verschiedener qualitativer Verfahren wie Prozessrisikoanalysen, Simulationsansätzen sowie Frühaufklärungssystemen zu bedienen. Allerdings geht es auch bei den qualitativen Verfahren letztlich darum, Eintrittswahrscheinlichkeit und Schadenshöhe in zahlenmäßige Werten zu erfassen.

Um operationelle Risiken mit mathematischen Modellen verarbeiten zu können, kommt man also um eine Quantifizierung, d. h. um eine zahlenmäßige Bewertung nicht herum. (12) Es haben sich hier grundsätzlich drei Bewertungsansätze herausgebildet: die Brutto-, die Netto- und die Zielbewertung. Bei der Nettobewertung werden eventuell bereits durchgeführte Maßnahmen zum "Management" des Risikos (Vermeidung oder Minderung) mit berücksichtigt, bei der Bruttobewertung dagegen nicht. Bei der Zielbewertung wird eine Art Sollwert angegeben, der nicht über- oder unterschritten werden darf. Es zeichnet sich relativ klar ab, dass sich die Nettomethode durchsetzen wird. (11)

Ein nicht unbedeutendes Segment in diesem Zusammenhang sind die Verwaltungskosten der Kreditinstitute und dabei besonders die bisher nur unzureichend bewerteten Risiken aus dem Sachkostenblock. In diesem Bereich gibt es bisher auch die größten Fortschritte im Hinblick auf eine Quantifizierung und Softwareunterstützung.

Zur graphischen Darstellung der Ergebnisse solcher Auswertungen stehen Risikomatrix und -portfolio zur Verfügung. Darüber hinaus finden die in diesem Prozess ermittelten Daten inhaltlich ihren Niederschlag im Risikobericht eines Kreditinstituts.

3) Risikosteuerung:

Die Hauptansatzpunkte für die Steuerung der Risiken sind die Eintrittswahrscheinlichkeit sowie die Risikohöhe. Als Optionen stellen sich grundsätzlich, die vollständige Vermeidung des Risikos (oft nicht praktikabel, da zu teuer), die Begrenzung der Risikohöhe oder die vollständige Abwälzung des Risikos (z. B. durch eine Versicherungspolice, falls verfügbar). (7)

4) Risikokontrolle:

Unter Risikokontrolle versteht man die laufende Überprüfung der Wirksamkeit der Steuerungsmaßnahmen.

Fallbeispiele

Studie "Operational Resilience in Financial Services"

Nicht erst seit den Terroranschlägen vom 11. September 2001 nehmen fast alle Finanzinstitute rund um den Globus das Thema "Operationelle Risiken" ernst. Die meisten Unternehmen planen sogar ihre Investitionen in diesem Bereich zu erhöhen, denn gegenwärtig haben noch etwas weniger als die Hälfte aller Finanzdienstleister operationelle Risikomanagement-Systeme im Einsatz. Das ist das Ergebnis einer Studie von IBM und dem Institute of Financial Services (ifs).
Damit sind operationelle Risiken zu einem Kernthema im Risikomanagement von Kreditinstituten geworden.

Mitarbeiter als operationelles

Risiko (I)

Das operationelle Risiko, das von den Mitarbeitern eines Unternehmens ausgeht ist auf der einen Seite der Weggang oder langfristige Ausfall von Wissens- oder Leistungsträgern, auf der anderen Seite aber auch der Schaden, der durch kriminelle Handlungen entsteht.
Obwohl Kriminalität grundsätzlich eine eher seltenere Gefahr darstellt, so ist zumindest die Softwareindustrie mit am stärksten davon betroffen. Gerade hier kommt es besonders oft zu unlauteren Versuchen, Wissensträger vom Konkurrenten abzuwerben. Trotz einschlägiger vertraglicher Vereinbarungen ist es kaum möglich, wettbewerbsrelevantes Wissen in der Firma zu behalten, wenn der Mitarbeiter wechselt. Der Schaden besteht darin, dass Softwarepatente mit dem entsprechenden Know-how relativ leicht umgangen werden können. (13)
Auch ohne zu wechseln können Mitarbeiter allein durch das Wissen um Systemschwächen dem Arbeitgeber extrem schaden. Bekannt geworden ist eine besonders schwerer Fall von Versicherungsbetrug durch den Mitarbeiter des Versicherungsunternehmens. (2)
Der häufigste Fall, Fluktuation ohne kriminellen

Hintergrund, ist vor allem in wirtschaftlichen Ballungszentren ein Dauerproblem. Gute Mitarbeiter wechseln aus finanziellen Gründen schnell und häufig ins Nachbargebäude zur Konkurrenz. (4)

Mitarbeiter als operationelles Risiko (II)

Dass die Gefahr nicht nur von untreuen Untergebenen ausgehen kann, sondern genau so gut von der Vorstandsetage zeigten eindeutig die Fälle um Enron, WorldCom etc. Dies sind Extrembeispiele dafür, welchen Schaden ein Unternehmen durch das operationelle Risiko Mitarbeiter erleiden kann. Als Reaktion auf diese Problemfälle ist die Diskussion um Corporate Governance entbrannt, die gute und nachhaltige Unternehmensführung. Und sie ist noch im Gange. Corporate Governance dient dem Management des operationellen Risikos Mitarbeiter. (6)

Weiterführende Literatur

(1) Basel II kommt dem Ziel langsam näher Banken berichten von Kapitalersparnis bei genauerer Risikokontrolle - Nachbesserungsbedarf bei Beteiligungsbesitz und Verbriefungen
aus Börsen-Zeitung, 04.01.2003, Nummer 2, Seite 17

(2) Loyalität gegenüber dem Arbeitgeber steht nicht mehr hoch im Kurs
aus Frankfurter Allgemeine Zeitung, 30.12.2002, Nr. 302, S. 23

(3) Risikomanagement: Deutscher Mittelstand im europäischen Durchschnitt / Fertigende Industrie ist im Norden besonders wachsam, Industrieanzeiger, Heft 43, 21.10.2002, S. 19
aus Frankfurter Allgemeine Zeitung, 30.12.2002, Nr. 302, S. 23

(4) Andrae, S. / Kurfels, M., Konzeption und Umsetzung eines Risikohandbuchs, Sparkasse, November 2002, Nr. 11, S. 492
aus Frankfurter Allgemeine Zeitung, 30.12.2002, Nr. 302, S. 23

(5) Harte Stellen im Soft Law
aus Der Schweizer Treuhänder, Heft 11/2002, S. 981-996

(6) Corporate Governance - ein Modell für öffentlich-rechtliche Kreditinstitute in Deutschland?
aus Zeitschrift für das gesamte Kreditwesen Nr. 20 vom 15.10.2002 Seite 1089

(7) Einhaus, C., Operationelle Risiken - Grundlagen der aktuellen Diskussion, Sparkasse, November 2002, Nr. 11, S. 488
aus Zeitschrift für das gesamte Kreditwesen Nr. 20 vom 15.10.2002 Seite 1089

(8) "Basel II" - wird endlich gut, was lange währt? Harziges Arbeiten am Entwurf einer neuen Eigenkapitalvereinbarung
aus Neue Zürcher Zeitung, 02.11.2002, Nr. 255, S. 29

(9) Chronologie und Ausblick
aus Neue Zürcher Zeitung, 02.11.2002, Nr. 255, S. 29

(10) Basel II/Rating
aus Betrieb und Wirtschaft, Heft 21/2002, S. 909-912

(11) Qualitatives Controlling durch Risikomanagment - Methodische Standards ermöglichen Softwareunterstützung
aus is report, Heft 11/2002, S. 24-26

(12) Auf dem Weg zur erfolgreichen Gesamtbanksteuerung
aus Betriebswirtschaftliche Blätter, Jubiläumsheft 2002, S. 22

(13) Mitarbeiter sind Sicherheitsrisiko Firmendaten durch "unmoralische" Angebote von Konkurrenten bedroht
aus WirtschaftsBlatt, 27.11.2002, Nr. 1757, S. A27

Impressum

Management operationeller Risiken bei Kreditinstituten nach Basel II

Bibliografische Information der deutschen Nationalbibliothek

Die Deutsche Nationalbibliothek verzeichnet diese Publikation in der deutschen Nationalbibliografie; detaillierte bibliografische Daten sind im Internet über http://dnb.d-nb.de abrufbar.

ISBN: 978-3-7379-1149-8

© 2015 GBI-Genios Deutsche Wirtschaftsdatenbank GmbH, Freischützstraße 96, 81927 München, www.genios.de

Alle Rechte vorbehalten. Dieses Werk ist einschließlich aller seiner Teile – z.B. Texte, Tabellen und Grafiken - urheberrechtlich geschützt. Jede Verwertung außerhalb der Grenzen des Urheberrechtsgesetzes bedarf der vorherigen Zustimmung des Verlags. Dies gilt insbesondere auch für auszugsweise Nachdrucke, fotomechanische

Vervielfältigungen (Fotokopie/Mikroskopie), Übersetzungen, Auswertungen durch Datenbanken oder ähnliche Einrichtungen und die Einspeicherung und Verarbeitung in elektronischen Systemen.